安奈 淳

70過ぎたら 生き方もファッションも シンプルなほど輝けると知った

主婦の友社

華やかな宝塚スターの20代を過ごし、
50代以降は病気との闘いでした。
70代で、ようやく健康を取り戻し、
今、歌うことが生きがいに。
歓んでくれる人がいる限り、
歌い続けられたらと思います。

そして、思いがけず
私の普段の服が注目されるようにもなりました。
好きなものを着ているだけですが
ひとつ言えるのはシンプルが好きということ。

生き方も、身に着けるものも
シンプルなほど心地いいと感じるこの頃です。

Contents

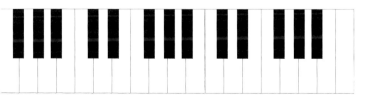

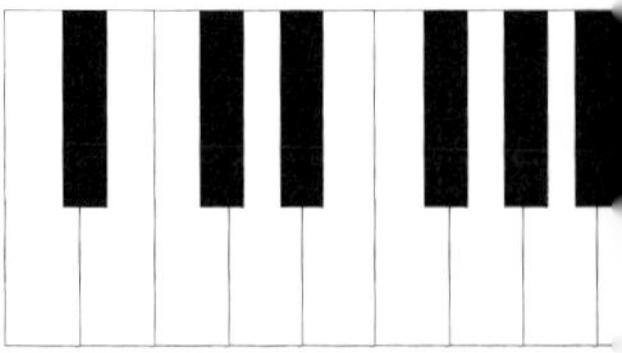

Chapter 1

歌に人生を込めること、そこに心血を注ぎたい

今、歌があるから幸せ

イントロのメロディーが流れてくると、私の世界は一変する。目の前の客席やスポットライトの光はどこか現実感がなくなり、歌の風景が立ち上がる。

あるときは一面ブルーの世界。愛を失い、戻らない過去にしがみつく女の涙の海に、私は漂う。あるときは一面の赤。恋に身を焼く女の、紅蓮の炎を心に映しながら、私は歌う。

全身の細胞が別のものに入れかわるような感覚。私というちっぽけな存在が、歌の中で幾千もの人生を生きる。これこそが、私の歌。

今、人生で初めて充実して歌を歌えるようになりました。確かに宝塚歌劇団でも、ミュージカルのステージでも、私の歌はたくさんの拍手をいただいていました。「歌の安奈淳」と呼ばれていたこともあります。

でも今振り返ると、恥ずかしくて冷や汗が出ます。下手くそでした。親からもらった声質と若さ、そして舞台がつくり出してくれた世界観の中で好き勝手に歌っていただけ。もちろん「当時の歌が好き」という方もいるでしょうし、当時の

歌の中に人生が凝縮されているのがシャンソンの世界。
ワンステージで歌う曲の数だけ人生を生きるのです。
まるで一人芝居を演じているよう。
そしてその背景に、私の人生も浮かび上がるはずです。

拍手や称賛には感謝しかありません。ただ、ようやく私にとっての「安奈淳の歌」を見つけることができた、それは事実なのです。

50代からの私は病気だらけの日々でした。死にかけたことも一度や二度ではありません。病気のせいで声が出なくなり、生きる意味を見失ったこともあります。死の淵からよみがえったとき、私は心から「歌いたい」と願ったのです。

治療のかいあって声が出るようになっても、若い頃の歌い方は通用しません。声帯を鍛えるトレーニングをし、発声方法や息継ぎの仕方をプロに教わり、再び歌を取り戻しました。その歌は、今の私の精いっぱい。今の私の生きる術。人生で初めて欲しいと願い、手に入れた宝なのです。

技術だけではありません。私の山も谷も多い人生すべてが歌の核になっています。74年の人生の中で、喜怒哀楽すべてをイヤになるほど体験しました。愛も希望も絶望も、とことん味わい尽くしました。歌の中に描かれた主人公の感情は、どれも私の内側にあるものです。それを引き出し、風景をイメージし、歌いこむ。衣装やカツラがなくても、私は誰にでもなれると知りました。

今の私には歌しかない。でも、歌さえあれば生きられるのです。

楽屋で舞台用のメイクをし、衣装をつけるうちに「安奈淳」になっていく。不思議なくらい背すじが伸びる。

本番直前、舞台裏の廊下で歌詞を確認中。年とともに記憶力が低下しているので、歌詞を忘れる不安は常にある。

声は、歌いこめば歌いこむほど味が出てくるもの。
若い頃の高くて華やかな声もいいけれど、
今の厚みのある声が私はとても好きなのです。
この先も変化する声と丁寧につきあっていきたい。

2019年にヤマハホールで芸能生活55周年記念リサイタルを開催。この年齢まで歌い続けられる幸せをかみしめた。

ステージ衣装へのこだわり

60代になり、本格的に歌を再開することになって、初めてオートクチュールのステージ衣装を作ることにしました。今までは、いわゆる「つるし」、既製品でした。それでもとくに問題はなかったのだから、若さってすごいですね。

私の舞台衣装は、オートクチュールの大御所、小泉正先生にお願いしています。左の3着はすべてそうです。靴も衣装に合わせて老舗の靴職人さんに作っていただきました。外反母趾に悩む私にとっては靴も重要なのです。

黒い衣装は上着に上質のスパンコールがちりばめられて華やか。白と赤はシルクの総レース。赤を着ることに苦手意識があったけれど、イタリア製の生地の深い赤に一目ぼれ。どの衣装も仕立てがいいので舞台上でも動きやすい。

衣装を作るにあたって、意識したのは色と素材です。同じ黒でも、肌の色をくすませる黒と、華やかに輝かせる黒があります。赤なら、子どもっぽい赤ではなく、大人の深みを感じさせる赤でなくてはいけません。素材は絶対にシルクです。化繊が入ると、スポットライトが当たったときに安っぽく見えてしまうのです。若い肌であればそれも気にならないかもしれませんが、年齢を重ねた私が着ると「顔色が悪い」「大丈夫かしら」と思わせてしまいます。せっかくお金を払ってステージを見に来てくれた方を、不安にさせるわけにはいきません。ステージは夢を見ていただく場所なのですから。

右上／
小さめのホールで歌うときには、シルクの白ブラウスと黒パンツの組み合わせが多い。ブラウスはクロエ、黒のジレはセリーヌ。

左ページ／
クロエのブラウス、ジルサンダーのオペラパンツはどちらもシルク。ジュンヤワタナベ・コム デ ギャルソンのカマーベルトを巻いて。

Memories Episode
No.1

美樹ちゃんとは喜びも悲しみも分かち合った無二の“戦友”です

棒名由梨さん（宝塚歌劇団の2期先輩）

「オスカル」と「アンドレ」は姉妹のように仲が良かった

美樹ちゃん（安奈さんの本名）とは、『ベルサイユのばら』のオスカルとアンドレをはじめ、人気絶頂期の宝塚で数多くのコンビを組ませていただきました。実は入団前に「宝塚コドモアテネ」という教室でも一緒。ただ当時の2歳差は大きいので接点は少なかったかな。彼女は小学生の頃から色白の文学少女というイメージで、宝塚でトップになってからも相変わらず欲がなく、おっとりした人。一方で、がまん強くて努力家で、普通の人なら逃げ出すようなことでも絶対に泣き言を言わず、がんばり続ける人でした。

舞台上でともに戦う戦友だった私たちは、私生活でも家族ぐるみのおつきあいをする姉妹のような関係に。彼女が東京に拠点を移してからも、私は頻繁にご実家に遊びに行きました。お母さまが亡くなったときも、その場に居合わせたのは私です。長く患われてはいたものの、その死はあまりに突然で、お父さまは大混乱。美樹ちゃんは東京で舞台公演中、妹さんも関東で暮らしていたので、死後のあれこれは私が担当しました。

お母さまの亡骸を抱きかかえてご自宅へ

忘れられないのは、亡くなったお母さまをご自宅のマンションに移すときのこと。ストレッチャーがエレベーターに入らず、お母さまの亡骸を抱きかかえて部屋に運ばせていただきました。美樹ちゃんの代わりに、死に化粧もさせていただきました。

その3カ月後、私が出演した舞台の客席に美樹ちゃんのお母さまが座っているのが見えました。幻かと思いましたが確かにそこにいて、しばらくして消えました。「会いに来てくれたんだ」と涙が出ました。その話を美樹ちゃんに話せたのは、つい最近のことです。

Chapter ②

青春を燃やした宝塚の13年間、内向的だった子ども時代

トップスターとして舞台に生きた

安奈淳といえばオスカル――そんなイメージをお持ちの方は多いかもしれません。オスカルとは、宝塚歌劇団を代表する演目のひとつ『ベルサイユのばら』の主人公、男装の麗人オスカル・フランソワ・ド・ジャルジェのこと。1974年の初演時は王妃マリー・アントワネットを中心にした構成で、アントワネットは初風諄さん、オスカルは榛名由梨さんが演じていました。

池田理代子先生の漫画原作のこの舞台は、当初「漫画のイメージが壊れる」と反対の声も多かったそうです。ところが幕が上がると予想をはるかに上回る大ヒットに。翌1975年には「アンドレとオスカル編」がつくられることになりました。オスカルは引き続き榛名由梨さんが、アンドレは私が演じることになっていたのですが、背が高く骨格もしっかりしている榛名さんを男役として支えるのは絶対に無理。私は珍しく直談判してオスカル役をやらせていただきました。これがよかったのかはわかりませんが、「アンドレとオスカル編」は宝塚の記録を塗り替える観客動員数となりました。チケットは即完売。平日でも3階席まで立

1975年、花組公演『ベルサイユのばら』―アンドレとオスカル―より。アンドレ（右）は榛名由梨さん。

ち見でいっぱいになり、客席から人がこぼれ落ちそうでした。地方公演ではファンが私たちを取り囲み、警察が出動したことも一度や二度ではありません。年末にはＮＨＫの『紅白歌合戦』の応援にまで駆り出され、まさに空前の大ヒットと言える状態でした。

オスカルはさほど愛着のある役ではなかった

にもかかわらず、私にとってオスカル役はさほど愛着のある役ではないのです。正直に言えば、出番も衣装も演じた回数も格段に多い大変な役。とくにあのカツラはしんどかった。金属の土台に髪の毛が植えつけられ、しかも重い。「上からものが落ちてきても大丈夫ね」と冗談を言いたくなるほどの重さでした。

それでも「安奈淳の当たり役」といわれたのは、男役としては華奢な私にぴったりの役だったからでしょう。とくに役づくりなど考えることなく演じることができました。でも当時の私は、もっともっと男っぽい役がやりたかったのです。王子様的な役、中性的な役には少し飽きていたのかもしれません。

大好きなのは『ノバ・ボサ・ノバ』のソール役です。力強く男性っぽいキャラ

宝塚歌劇団退団後は、東宝に移籍。ミュージカルを中心に舞台に立った。写真は『サウンド・オブ・ミュージック』。

2011年の舞台『姉妹たちの庭で』。佐久間良子さんや浅丘ルリ子さんらと共演。第33回松尾芸能賞・優秀賞受賞。

クター。そして尊敬してやまない演出家、鴨川清作先生の作品で主役を演じることができた誇らしさ、うれしさは忘れられません。

『虞美人』という作品で演じた項羽の役も好きでした。古代中国の武将でしたから、私好みの強い役。ところが舞台の本番期間中に、まぶたに膿がたまる病気になってしまいました。切開して膿を出すと、目はお岩さんのように腫れあがってしまったのです。代役を立てようにも、代役の下級生は「とても無理です」と泣く始末。衣装部と相談して、黒い眼帯をつけて演じることになりました。片目ですから遠近感がつかめず、階段を下りる場面や決闘のシーンで怖い思いをしながらも、なんとか演じきった記憶があります。

17歳で初舞台を踏み、30歳で退団するまでの13年間は怒濤の日々。とにかく必死で駆け抜けました。何があっても弱音は吐かない、がんばればどんなことでも乗り越えられる……昭和的なド根性かもしれませんが、いい意味でも悪い意味でも私の核は、宝塚の舞台でつくられたのです。

それでも20代後半になると体力的な限界も感じるようになりました。抱きかかえた娘役を落としてしまうこともあり、「30歳になったらやめよう」と決意した

自宅の玄関で母と一緒に。私が入団して忙しくなると、劇場の近くに家を買い、家族で引っ越してくれた。

19歳くらいのときの写真。本名は富岡美樹なので、「ミキちゃん」「オトミさん」などのニックネームで呼ばれていた。

のです。最後の舞台は植田紳爾先生演出の『風と共に去りぬ』。スカーレット・オハラ役を最後に、私は「風と共に」宝塚を去ったのです。

両親の夢をかなえることが私の夢

私が宝塚音楽学校の入学試験を受けたのは、中学校を卒業する15歳のときでした。宝塚の入試は15歳から18歳までなら何回でも受験できるのですが、金銭的にも余裕がなかったわが家では「受験は一度だけ」という約束でした。倍率は11倍でしたが、無事合格。入試の成績は51人中5番くらい。難しい宝塚の入試を、よく一度で突破できたと思います。

それでも私自身は、一度も宝塚に入りたいと思ったことがありませんでした。宝塚は、両親の夢だったのです。母は若い頃、宝塚に入ることを夢見る少女でした。けれど実家は習い事をする余裕もなく、両親に反対されて受験すらできずに終わったそうです。ところが、夢をあきらめて結婚したはずの相手（私の父）は大の宝塚ファン。私が生まれたとき、両親は「女の子が生まれた」と大喜びし、「この子を宝塚に入れよう」と決めたそうです。

父は大の犬好きで、捨てられている子犬をよく拾ってきていた。この子は妹が拾ってきた犬で、名前はパコ。

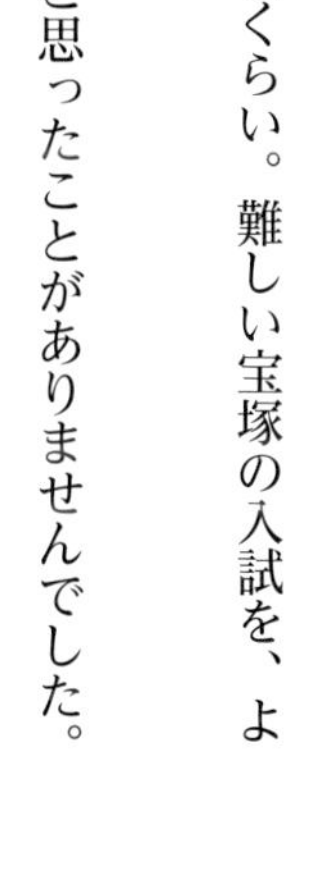

27歳頃の写真。愛犬パコと一緒に。パコは長生きで、私が30歳で退団するまで、ずっとそばで見守ってくれた。

裕福とはいえない生活の中で、父は洋楽のレコードを聞かせてくれたり、中古のピアノを買ってくれたり、来日したミュージシャンの舞台に連れていってくれました。小学4年生からは、毎週日曜日に宝塚音楽学校附属の「宝塚コドモアテネ」に通わせてくれました。ここは宝塚音楽学校をめざす子どもが多く通うお教室で、ピアノやバレエ、日舞や声楽などを習うのです。もちろん宝塚の舞台にも連れていってもらいました。これはわが家の一大イベント。カレンダーに印をつけて、その日を待ち焦がれたワクワク感を今も覚えています。

私は、宝塚歌劇団に入る前提で育てられた子どもだったのです。中学生のときに一度だけ勇気を出して「宝塚ではなく、美術の学校に進みたい」と父に言ったことがあります。あのときの父のガッカリした顔は忘れられません。子どもながらに「こんなことは二度と言ってはいけないのだ」と思い知らされました。

愛されて育った。だから歌い続けられる

それでも私は、母の夢を継ぐこと、父を喜ばせることが負担ではありませんでした。なぜなのでしょう。それは、愛があったから。両親は私のことを心から愛

写真好きな父は、家族の自然な笑顔をたくさん撮ってくれた。右から母、妹、6歳頃の私。妹は2歳年下。

父は私たち娘2人を大変かわいがっていた。おでこが特徴的な人で「キューピー」がニックネームだった。

してくれていましたし、幼い頃から私はそれを自覚していました。私は戦後すぐの生まれで、お米を買うお金がないとか、野菜をつくって自給自足するとか、そういうことが当然の時代でした。便利な電化製品もなく、母は四六時中家事に追われていた記憶しかありません。その合間に母は私や妹の洋服を手づくりしてくれました。母は58歳で亡くなりました。今になれば、私と同じ膠原病だったのではないかと思うのですが、当時は原因も治療法もよくわからず、長患いの末に亡くなりました。無念だったことでしょう。それでも宝塚の舞台に娘が立つ姿を見せられたことは、私にとって唯一の救いです。

父は3年前に97歳で亡くなるまで、私の一番のファンでいてくれました。舞台を見に来てくれたり、新聞や雑誌の私の記事をスクラップしてくれたり。私がまだ宝塚にいた頃、宝塚歌劇団が発行している『歌劇』という機関誌に劇評を書いて投稿してくれたこともありました。ペンネームはキューピー。「安奈淳の演技がとてもよかった」って。恥ずかしいけれど、うれしい。こんなにも私は愛されていた。その自信が、今も私を支えているのです。

7歳頃の私と母。母が亡くなったとき私は舞台の真っ最中。看取りはもちろん葬儀にも出席できなかった。

父が買ってくれたピアノ。中古とはいえサラリーマン家庭には高額だったはず。うれしくて毎日練習した小学生の私。

Memories Episode
No.2

お互いの本当の姿を知っているから包み隠さず、自然体でつきあえる

初風 諄さん（宝塚歌劇団の4期先輩）

笑いのツボが同じで、なんでも言い合える仲

星組で一緒でした。よく姉と弟の役をやりましたね。あるとき、間違えてオトミ（安奈淳さんのニックネーム）の靴を履いて楽屋から舞台の真ん中まで行ってしまったことがあって。手も足も大きい人だから、ぶかぶかの靴を引きずりながら「あれ？　私、やせたのかな」と思ったりして。あとで「アホやな」と言われました。先輩に向かって「アホ」とは。でも、腹は立たない。ごく自然体の人だから。

笑いのセンスもある人。笑いのツボが同じだから、一緒にいると笑ってばかりなの。

オトミは言い間違いもけっこう多くて、ジンギスカンの姉弟役をやったとき、「山に乗って馬に逃げた」と言うから、「私、そんなに脚が長くないわ」と大爆笑。

オトミのお父さんはよく宝塚の舞台を見にいらしてね。『シルクロード』という演目のとき、客席のお父さんめがけて持っていた鏡の光を思いきり当てたの。オトミには「ゴンタ（＝いたずらっ子）やな」と言われたわ。

すっきりした生き方をしている人。見習いたい

もう半世紀ほどのおつきあいで、今はつかず離れずだけど、ＯＧ公演などで一緒になると、一気に在団中の関係に戻ってしまう。血はつながっていないけれど、本当の親戚のように感じています。

オトミは、洋服のセンスもいいけれど、生き方そのもののセンスがいいと思う。ムダなものがなくてすっきりしているというか。私なんてムダだらけよ。妹のような存在だけど、そこは見習いたいわね。

Chapter 3

生きることをあきらめかけた、長い闘病の日々

葬儀の準備を覚悟した友人たち

恥ずかしながら「病気のデパート」のような人間です。幼い頃から頻繁に風邪をひき、熱を出しては幼稚園や小学校を休んでいました。宝塚歌劇団にいた頃、大きな病気もせずに舞台に立てたのは奇跡のようなもの。ただ、あの頃に無理を重ねたストレスが、その後の病気の芽になったのかもしれません。

宝塚を退団してからも、忙しい日々が続きました。代役などいない商業演劇の世界は、さらに過酷だったかもしれません。多少の体調不良を気にすることなどできず、体からのＳＯＳサインも無視して舞台に立ち続けました。

最初に症状が出たのは肝臓でした。33歳の頃、顔がひどくむくみ、黄疸で真っ黄色になったのです。舞台で共演していた森光子さんに「すぐ帰って病院に行きなさい。でないと死んじゃうよ」と言われたほどです。それでも私は「そうですかぁ？」なんて笑って、顔を白く塗って舞台に立っていたのです。顔は白くても白目は真っ黄色。奇怪でした。それでも休めませんでした。

舞台の合間に病院に行くと、肝機能の値を示すＧＯＴとＧＰＴの数値が４０００

だと医師に驚かれました。「平常値は？」と聞くと「11から40です」。論外の数値です。即入院と言われましたが、舞台に穴があきます。入院を断ると「何が起きても責任は自分にある」というような一筆を書かされてしまいました。

のちにC型肝炎があることがわかったのですが、若さでなんとか乗りきっていました。その後も髄膜炎で救急搬送されたり、レイノー症状（ろうそく病）で指先が真っ白になったり……。50歳を過ぎる頃になると、体はやせ細り、手足は冷えきり、筋肉も関節も痛むようになりました。夜はなかなか眠れず、朝は体が動かない。ベッドから30分かけて起き上がり、お風呂で体を温めてようやく動きだ

闘病の記録

- 30～40代　C型肝炎
- 37歳　髄膜炎
- 47歳　レイノー症状（指先が真っ白になる）、手首や指の腫れと全身関節痛
- 53歳　膠原病（全身性エリテマトーデス）と診断され、60歳まで治療を行う薬の副作用で糖尿病、うつ状態に
- 55歳　白内障手術
- 65歳　心臓弁膜症と診断される
- 68歳　腎臓がん手術

すような状態でした。それでも自分を病気だとは思わず、「疲れが出たのだ」と思って整体や鍼灸で改善しようとしていたのです。整体の先生にも「病院に行くべきだ」と言われたのですが馬耳東風。愚かでした。

全身性エリテマトーデスという難病に侵され

2000年の春。体のむくみは徐々に悪化し、脚はまるで象の脚。靴も履けないし、顔は腫れあがるし、体重はどんどん増えていきます。しかも呼吸がしにくくなり、息も絶え絶えで舞台袖に倒れ込むような状態で演じ続けていました。千秋楽がすむと、当時お世話になっていた熱海の民間療法の先生のところに駆け込んだのですが、なんとそこで呼吸困難に陥ったのです。熱海から東京の病院まで救急タクシーで搬送されました。

「到着するのが1時間遅かったら、命はなかったですね」と、のちに主治医の先生に言われるほど、私の状態は重篤なものでした。病院に駆けつけてくれた友人の松原和子さん（P32）らは医師から「お気の毒ですが、もう助からないでしょう」と言われ、葬儀をどこでやるかまで考えた人もいたそうです。

集中治療室に運び込まれた私の記憶はおぼろげです。印象深いのは、バケツほどの大きなビーカーに黄色い水がたまっていたことでした。背中に刺された管から出ていた水です。看護師さんに聞くと、「お小水です」と言われて驚きました。確かにしばらく尿が出なくなっていたのです。2日間かけて水を抜いてもらうと、入院時60キロあった体重は38キロに。20リットルを超える水が全身にたまり、肺や心臓にも侵入して溺れているような状態になっていたのです。

医師たちの必死の治療もあり、なんとか一命をとりとめました。病名は膠原病の一種「全身性エリテマトーデス」。膠原病は免疫機能に異常が起こって、全身のあちこちにトラブルが発生する病気です。なかでも全身性エリテマトーデスは難治性のもので、ほぼ治らないと言われました。

つらい治療が続き、2カ月後にようやく退院。「これからは自分らしい生活ができる」と思いきや、その後も入退院を繰り返し、仕事に復帰する目途はたちません。しかも大量の薬はさまざまな副作用を引き起こしました。とくにひどかったのはうつ症状です。私の場合、投げやりな気持ちが強くなったようです。

薬の副作用で髪が抜けると、「面倒くさい」とバリカンで刈り上げてしまいま

26歳のときにニューヨークで出会ったクマのぬいぐるみ。スーツケースに詰めて帰ったので首がかしいでいる。50年近くそばにいてくれる大親友。

した。「もう旅行なんてできないから」と車を処分し、パスポートも捨ててしまいました。あとで友人がゴミ箱から拾ってくれましたが。洋服や舞台用のアクセサリーは友人や後輩にあげ、気に入っていた絵も高価なミンクのコートもリサイクルショップに二束三文で売ってしまいました。物事を考える力も弱くなり、手紙を書こうにも文章が思い浮かばない、気晴らしに麻雀に誘ってもらってもルールがわからなくなってしまうのです。

自分が自分でなくなる恐怖、未来への不安、あせる思い。

眠れない夜が続き、徐々に「死にたい」という感情に支配されていきました。ベランダから飛び降りようとしたこともありましたが、柵を越える筋力がなくて未遂に終わりました。キッチンのナイフで首をつこうとしたときには、心配して毎日顔を出してくれた松原さんに止められました。「そんなナイフじゃ死ねないよ。明日、柳刃包丁を持ってきてあげるから待ってな！」って。松原さんはおすし屋さんの女将だったのです。その言葉につい笑ってしまいました。そんな周囲の支えがなければ、今の私は存在しなかったでしょう。

仕事に復帰できたのは2年もたってからです。治療は10年ほど続き、そのあとにも心臓弁膜症や腎臓がんが見つかりました。でも、私はもう以前の私ではありません。自分を過信するのでも、いたずらに恐れるのでもなく、どんな治療がいいのかを冷静に考えることができるようになっていました。

　腎臓がんの手術は、築地の国立がん研究センター中央病院を選びました。その前に2つ病院を回ったのですが、いずれも「腎臓は2つあるから1つ切除しても大丈夫」と腎臓の切除を提案されました。でも私は「腎臓が2つあるのは2つ必要だから」という気持ちを変えられません。サードオピニオンでがんセンターに相談すると、がんを凍結して腎臓を残す凍結治療を提案され、その方法にかけることにしたのです。季節は夏。術後の入院中に東京湾花火大会がありました。病室は18階。窓の外には次々打ち上げられる大輪の花火、眼下には隅田川と屋形船。こんな美しい花火を見たのは、後にも先にも初めてでした。「手術がんばったね、おめでとう！」そんな祝福のようでした。

　人には寿命があり、無理に長生きしたいとは思いません。けれど、たったひとつしかない自分の体を大切にしながら、今という時間を丁寧に生ききりたい、それが今の願いなのです。

50代から60代は病気の連続。いつ死んでもおかしくないと言われた私が生きのびた、その意味を考え続けている。

Memories Episode
No.3

「あんたは大丈夫だよ！」 復活の日を信じて 病室に通って励まし続けた日々

松原和子さん（元すし屋「二葉」女将）

死にかけていたアンナに必死に声をかけ続けた

東京・神楽坂で、長いことすし屋の女将をしていました。安奈淳さんは、よく店に遊びに来ては、私を「お姉さん」と呼んでくれ、今も姉妹のような関係です。

忘れもしません。2000年の7月、アンナから緊急入院するという連絡を受けたのです。病院で待っていると、瀕死のような状態のアンナが運ばれてきました。それでも「私より先に死ぬんじゃないよ！」と言うと、かすかにうなずいた顔が忘れられません。

なんとか一命をとりとめたあと、2カ月入院。これでひと安心かと思ったら、翌年1月にも2週間、3月、4月にも1～2週間の入院を繰り返し、何度か危篤状態に陥ったこともありました。私は毎日毎日病院に通いました。「私が声をかけているうちは大丈夫だよ」とアンナに伝えていたのです。

退院してから、アンナはうつ状態に陥りました。あるとき自宅に行くと、ベランダに座り込んでいるアンナがいました。

「バカだね。5階から飛び降りても骨折るだけだよ！」

「どうしたの？」と聞くと、「飛び降りようとしたけど、足が上がらなくて柵を越えられなかった」って。私は「ここは5階なんだから飛び降りたって骨折るだけだよ。今度タワーマンションに連れてってあげるよ」と言ったんです。別の日には、果物ナイフをじっと見つめて「お姉さん、これで死ねるかな」と言うので「バカ言ってるんじゃないよ。うちから柳刃包丁持ってくるから待ってな」って言ったら、アンナは少し笑ってくれました。

しばらく目を離せなくなりましたが、本当にゆっくりとですが回復してくれました。歌が彼女を救ったんですね。念願のステージに立てるまでに復活したのは2年後でした。

Chapter 4

今の自分に似合うもの、心地いいものを着ていたい

好きなのはベーシックカラー

1年ほど前、遅まきながらＳＮＳデビューを果たしました。使っているのはインスタグラム。「若者」である50代のマネージャーに教わりながら、やっとこさっとこ写真をあげています。思いがけず多くのコメントをいただけて、驚きつつもニンマリしてしまう日々が始まりました。しばらくすると、さらに意外なことが起こりました。「安奈さんのファッションを見るのが楽しみです」というコメントが増えてきたのです。ファッション？

正直、意外でした。自分のことをおしゃれだと思ったことは一度もないからです。そもそも、おしゃれってなんでしょう。私の洋服へのこだわりはただひとつ、自分が着ていて気持ちがいいこと、これだけなのです。肌ざわりなどもそうですが、自分らしくない服を着るとどうにも落ち着きません。いくら似合うと言われても、派手な柄物やパステルカラーを着るなんて考えられない。落ち着きません。これは若い頃からの私のこだわりなのです。

クローゼットを開けると、中にあるのは白、黒、紺。あとはベージュと茶が少し。ほぼベーシックカラーで、「さし色」もほとんど使いません。流行など無関係に、好きな服は何年でも着続けます。それが私流のおしゃれ、なのかもしれません。

洋服の数はけっして多くはありません。
「運命の出合い」をしたお気に入りの服だけなので
姿見の前であれこれ組み合わせて楽しんでいます。
コーディネートを決めるときには
その日の予定を考えてボトムスから決めていきます。

ヘビロテするのは黒パンツとロングカーデ

黒パンツ

手持ちの洋服の中でもっとも数が多いのは黒パンツ。
といっても春から秋に着ているのはこの3本。形の違いで使い分けています。

センタープレスのアンクルパンツ

ハリのある素材のくるぶし丈パンツ。ノンブランドだけれど、きれいめにもマニッシュにも決められる。白いソックスとひも靴に合わせると、軽快な印象に。

ゴムウエストのストレートパンツ

シワにならない素材でゴムウエスト。しかもオーソドックスなデザインなので、どんなトップスとも好相性。どこで買ったかも覚えていないノンブランド。

とろみ素材のワイドパンツ

丈が少し長めで幅広だけれど、生地がやわらかくストンと落ちるので重くならない。ドレッシーな着こなしでも活躍してくれる。イッセイ・ミヤケ。

ロングカーディガン

季節の変わり目や夏の冷房対策にも大活躍する薄手のはおりもの。
手持ちの服にさっと合わせられるよう、基本色である白・黒・紺の3色をそろえて。

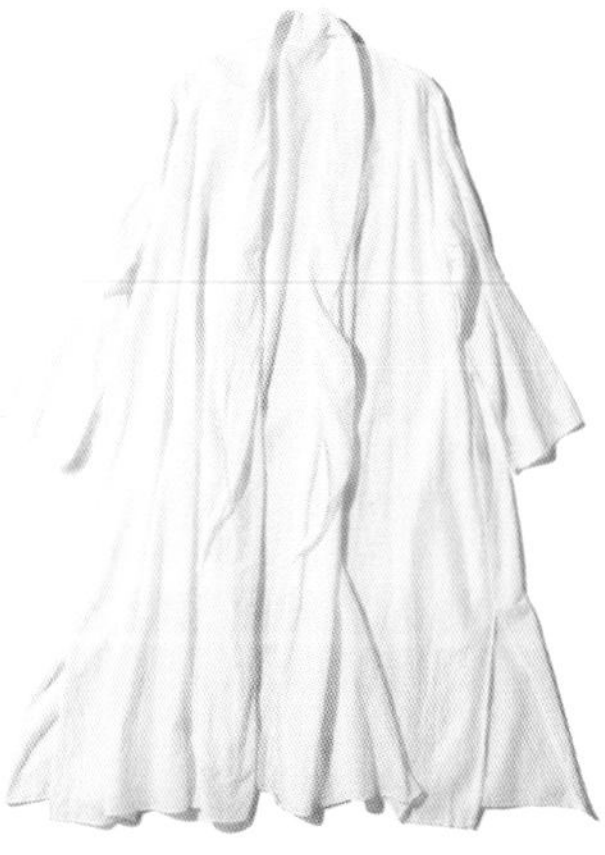

白
コットン 100%

すそにかけてたっぷりとしたボリュームがある白のカーディガン。ふんわりした肌ざわりと、なんともいえないナチュラルな感じが好き。ババグーリで購入。

黒
リネン 100%

着回しに便利なナゴンスタンスの麻のカーディガン。襟のラインがシンプルなので、どんなインナーにも合わせやすい。両サイドにスリットがあり､丈はひざ下。

ネイビー
コットン 100%

ヨーガンレールで買ったインド綿のロングカーディガン。もともとはパンツとのセットアップだけれど、カーディガンだけの出番も多いお気に入り。

ワントーンコーデもおまかせ！

上から下まで潔く白をまとう

白のロングカーディガンの下は、ヨーガンレールのワンピースと、リネンのレギンス。ワンピとカーデの丈の長さが偶然同じだったのでセットアップのよう。

顔色がくすみがちなお年頃になり
白い服は表情を明るくしてくれる救世主に。
ただし、ふんわり甘い白ではなく
大人の落ち着きを感じさせる白を意識しています。

White

白スーツに
プリント T シャツを

コム・デ・ギャルソンで購入した白のスーツには、プリントTシャツで上品な遊び心をプラス。ひも靴だけれどソックスははかず、足元に「抜け」をつくって。

硬質なリネンスカートに
ジャケットを

ロングスカートにジャケットを合わせて。ふんわりしたスカートは似合わないけれど、アーツ＆サイエンスの麻のスカートは重厚で硬質。茶の小物とも好相性。

つや感ととろみで黒を女性っぽく

黒のブラウスはノンブランドだけれど、つや感が気に入っている。イッセイ・ミヤケのとろみのある黒パンツと合わせてリラックスした雰囲気に。

Black

モノトーンはもっとも私らしいコーディネートです。
黒1色になったとしても「さし色」は不要、
あえて別の色を目立たせる必要はありません。
それでも重い印象にならないのはグレイヘアのおかげかな。

白多めの ワントーンコーデ

透け感のあるサマーニットはコム・デ・ギャルソン。白の刺繍がかわいらしい。綿パンツと靴はアーツ＆サイエンス。白でつなげることで脚長の印象に。

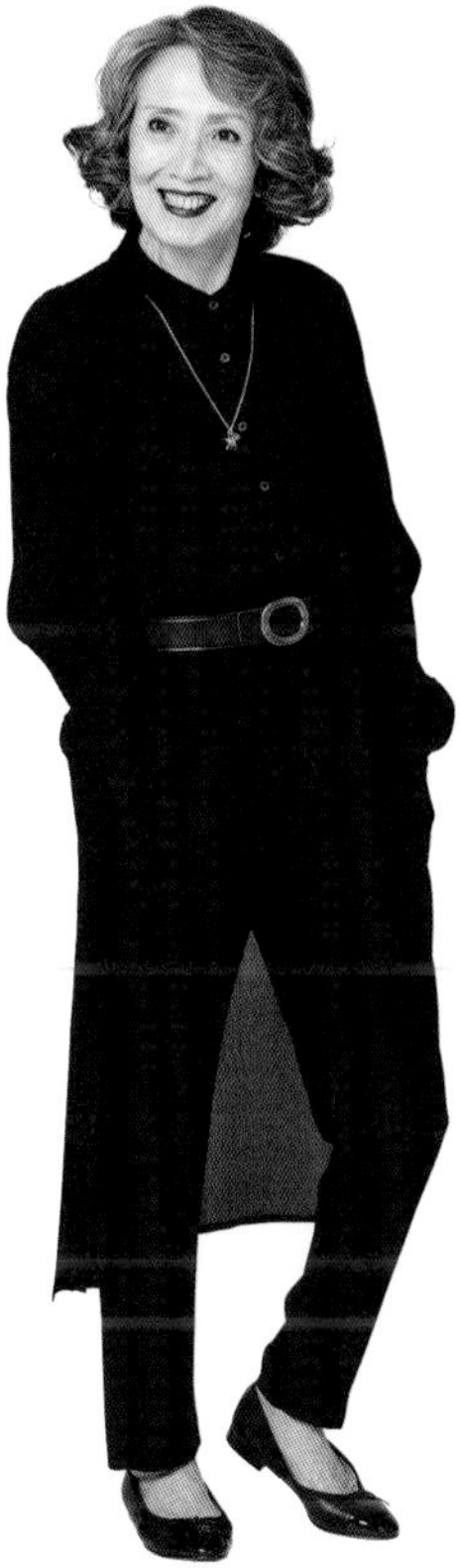

黒１色の中に さりげなくシルバー

黒のパンツとカーディガンに、ユニクロの黒シャツを合わせた全身黒コーデ。シルバーのペンダントとベルトのバックル、そして足の甲でさりげない抜け感を。

ときにはビビッドカラーも

赤のニットは マフラーのように

コム・デ・ギャルソンの赤のカーディガンは、洗濯の失敗で型崩れ。それでも巻きものとして使用中。ネイビーのコートとベレー帽に合わせてリセエンヌ風に。

レッドを効かせて

私のワードローブはベーシックカラーが中心ですが
ときには強い色に心惹かれることがあります。
「この色！」と直感が働いたら迷わず購入し
基本色の中にどう入れていくかをじっくり考えるのです。

大人のピンクは モノトーンで

「ラナンキュラスの花のような色！」とコム・デ・ギャルソンで一目ぼれしたフューシャピンクのジャケット。口紅と爪も赤にして、それ以外はモノトーンに。

旅の友の赤パンツは シワ知らず

プリーツ・プリーズの赤いパンツは、銀座の交差点で着ている人を見かけ、そのままデパートで買ってしまったもの。大人の赤が魅力的なうえ旅行にも最適。

年とともに似合う服が変わるから

**ダメージグリーンを
さわやかに着こなす**

パンツのジッパーが個性的なセットアップとインナーのTシャツは、コム・デ・ギャルソン。ギャルソンの服は独特の空気感があるので、着るときにはインナーも同ブランドで合わせるようにしている。

私のワードローブには、10年選手の洋服が少なくありません。中には20年、30年着続けているものもあるほどです。気に入ったら値段など見ないで買うので、ノンブランド、ファストファッション、ハイブランドがごちゃまぜの状態。すべて気に入っているものばかりですから、それをどう組み合わせるか考えることはこの上ない楽しみなのです。

その一方で、年齢とともに「似合う服」が減ってきたことも事実です。悲しいことに、似合う服と似合わない服との差が紙一重なのです。たとえば白いTシャツひとつとっても、首元の開き具合や形、袖の長さなどのちょっとした違いで似合わなくなってしまいます。ずっと気に入っていた服が、次のシーズンに着てみたらあまりに格好悪くて愕然とすることも。

それでもスカーフを巻いて隠してみたり、アクセサリーをつけて視線をそらしてみたりして、工夫して着るようにはしています。いよいよ「もう絶対に似合わない」と思ったら、甥のお嫁さんや姪に譲ったり、「ごめんね」と思いきって処分したりします。狭いクローゼットを、着ない服に占拠させておくのはもったいない話ですから。

今の私には、洋服を選ぶ基準がいくつかあります。ひとつは清潔感があること。以前ならシワ加工の服を着ても、古着を着ても、なんとなくおしゃれに見せる若さがありました。でも今の年齢の私が着ると、全体的に古ぼけてしまうのです。それでも、ときにダメージカラーに心惹かれることがあります。そんなときにはインナーに白を取り入れ、クリーンな印象をつくるように心がけています。

「あと何年着られるかな？」と考えることも、洋服を選ぶときのルールです。どんなに格好よく見えるシルエットでも、体を締めつけるデザインや重い服は難しくなりました。この先はさらにそう感じるはず。残念ながら、これが70代のおしゃれの現実でもあるのです。

ですから、洋服を買うときには必ず試着します。買ってしまって後悔するのはイヤですから。「これは絶対に似合う」と感じたら、値段はあまり気にしません。私は気に入ったものを繰り返し着るので、多少高くても絶対に元を取れる自信があるのです。もちろんお店によって価格の基準はありますから、自分に払えない価格帯の店に行くことはありません。逆に、近所の雑貨屋さんの1000円のTシャツでも、気に入ったものは即購入します。

ただ、気づけばものに対する執着がなくなってきました。同世代の友人に話すと「そんな年頃だもん、当たり前だよ」と言われますが、「物欲がゼロになってしまったらおしまい」と思う自分もいるのです。だからこそ洋服には、私なりのこだわりと愛情を持ち続けていたいのです。気に入った服を着ていることが私の小さな誇りとなり、背すじをシャキッと伸ばしてくれるような気がするのです。

体のラインを拾わないデザインが好き

なかなか太れないので、体のラインをゆったり隠すワンピースはお気に入り。これは10年以上前にアーツ＆サイエンスで買ったもの。グレイヘアになってからのほうが似合う気がする。

コートも安奈流にさらりと

モノトーンで
ストレートラインに

インディヴィのグレーのコートに、ワイズの黒タートルを合わせて縦長のラインを。コートのボタンが気に入らなくて、手持ちのボタンにかえてしまった。

すっきり着こなす

どんなに高級素材でも、どんなにあたたかくても
重くてぽってりしたコートは着たくありません。
寒空の下でも背中を丸めずに立っていられるような
すっきりしたコートをまとっていたいのです。

ロングカーデを コートがわりに

ヨーガンレールのロングカーディガンとセーターのセットアップ。冬の初め頃ならこのスタイルで外出することも多い。軽くて動きやすく、そしてあたたかい。

永遠の定番、バーバリーが好き

10年、20年と着続けているコートが多い中で、このバーバリーのコートは昨年買ったばかり。永遠の定番のコートがしっくりくる年齢になれた気がする。

グレイヘアは自然の成り行き

実を言うと、頭が少し大きいんです。どうも後頭部が後ろに張り出す骨格のようです。50代で病気になったとき、薬の影響で髪の毛がごっそり抜けてしまいました。少しずつ抜けるのがイヤで、バリカンで丸坊主にしてしまったのですが、髪の毛がなくなると頭の形がよくわかるのです。自分の頭蓋骨がまん丸であることを、このとき初めて知りました。

この骨格も手伝ってか、後頭部は毛量がたっぷりあります。年齢とともに髪の毛そのものは細くなっているのですが、「薄くなってきたな」と感じたことはありません。こんなに内臓が弱くて病気だらけなのに、髪の毛だけは元気いっぱい。神様はきっと、長所と短所をバランスよく人に分け与えるのでしょうね。

白髪は60代から目立ち始めました。それでも白髪染めは一度もしていません。長く肝炎に苦しめられてきたので、内臓に負担をかけるようなことはしたくなかったのです。白髪があるのも自分らしい気がして、美容院では1カ月半に一度パーマをかけてカットするだけです。今の髪色は、茶色まじりのグレイヘア。この髪のおかげで、黒1色の服装でもお葬式みたいにはなりません。ほったらかしも、案外悪くないものです。

父は「キューピー」と呼ばれるほどおでこの広い人でした。
そんな父に似て、おでこの生えぎわは徐々に後退していますが
後頭部の毛量は減る気配がありません。
カットのときに後ろを少しそいで軽くしています。

メイクは最低限で整える

肌のお手入れにはあまり気を使いません。顔を洗って化粧水、美容液、クリームをつける程度。化粧品のブランドにもこだわりはないんです。それでも、メイクそのものは好き。絵を描くのが好きだからでしょうか、眉を描いたり目元にラインを入れたり、洋服に合わせて口紅の色を混ぜ合わせて塗ったりするのは楽しいですね。とくに意識しているのはアイメイクです。年齢とともに顔がぼやけるので、眉毛を丁寧に描き、アイラインとマスカラは欠かしません。アイラインはやわらかめのペンシルタイプ、マスカラはボリュームタイプを使います。そういえば宝塚時代、舞台用のメイクは自分でしていました。あの頃はみんなそうで、舞台用のつけまつ毛まで個人で手づくりしていたのです。黒い紙をまつ毛みたいに切って、ご飯粒でつくったのりでまぶたに貼りつけたことも。冗談みたいな本当の話です。

気をつけているのは紫外線対策です。毎日必ず日焼け止めクリームを塗りますし、外出するときには日傘を忘れません。私が患っている全身性エリテマトーデスという病気は紫外線で悪化することもあるそうですし、紫外線アレルギーがあるので肌が赤く腫れることもあるので油断できないのです。そのおかげか、美白をめざしているわけではないのに色白です。

爪にはジェルネイルをつけています。
甥のお嫁さんがネイリストなので
家族の近況報告などを聞きながら塗ってもらうことが
最近の楽しみのひとつになっています。

口紅は
オンとオフの 2 色

口紅は2色だけ。シャネルの深い赤は仕事用、マックのピンクは普段の外出用。その中間の色は、この2色を混ぜて作ることができるので2本で十分。

実用にもおしゃれにもマストなめがね

若い頃からずっと近視です。そのうえ年齢を重ねて、白内障と加齢黄斑変性という目の病気を患ってしまいました。

白内障は手術で改善しましたが、加齢黄斑変性は治すことができず、右目はぼんやりとしか見えません。そんなわけで、私には自分に合うめがねが欠かせません。老眼でもありますから、細かな文字を見るときには外さなくてはならず、けっこう面倒です。

めがねも洋服と同じで「必ずこのブランド」というものはありません。それでも日本人だからでしょうか､海外ブランドよりも鯖江などの国産ブランドのもののほうが多いようです。持っているめがねは全部で7本。どれも色や形が少しずつ違っていて、洋服に合わせてかえています。たとえば赤いめがねは、モノトーンの装いにおちゃめな印象をプラスしたいときにつけています。茶系のコーデにはベージュや茶のフレームを合わせます。

最近気に入っているのは黒の丸いフレーム。個性的なように見えて、どんな服にも似合うのです。姿見の前で今日の洋服を決めたあと、どのアクセサリーをつけるか考えるように、めがねを選びます。バランスよく決まれば、一日気分がいいのです。

洋服の色で
めがねを使い分ける

丸めがね２つは金子眼鏡、一番下は増永眼鏡の光輝シリーズ。グレーのめがねはトム・ブラウン、赤はグッチ。グッチ特有の深い赤が好き。

若い頃、チャップリンの丸めがねがすごく好きでした。
自分もまねしてみたかったのですが
その頃の自分には似合わない気がしてつけられなかった。
74歳、ようやく少し似合うようになったかな。

わき役たちにもこだわりを

帽子

帽子はたまにしかかぶりませんが、色は黒。
私の定番であるモノトーンのアイテムと相性がよく
明るい髪色にもぴったり合います。
髪のセットが決まらないときの救世主としても活躍。

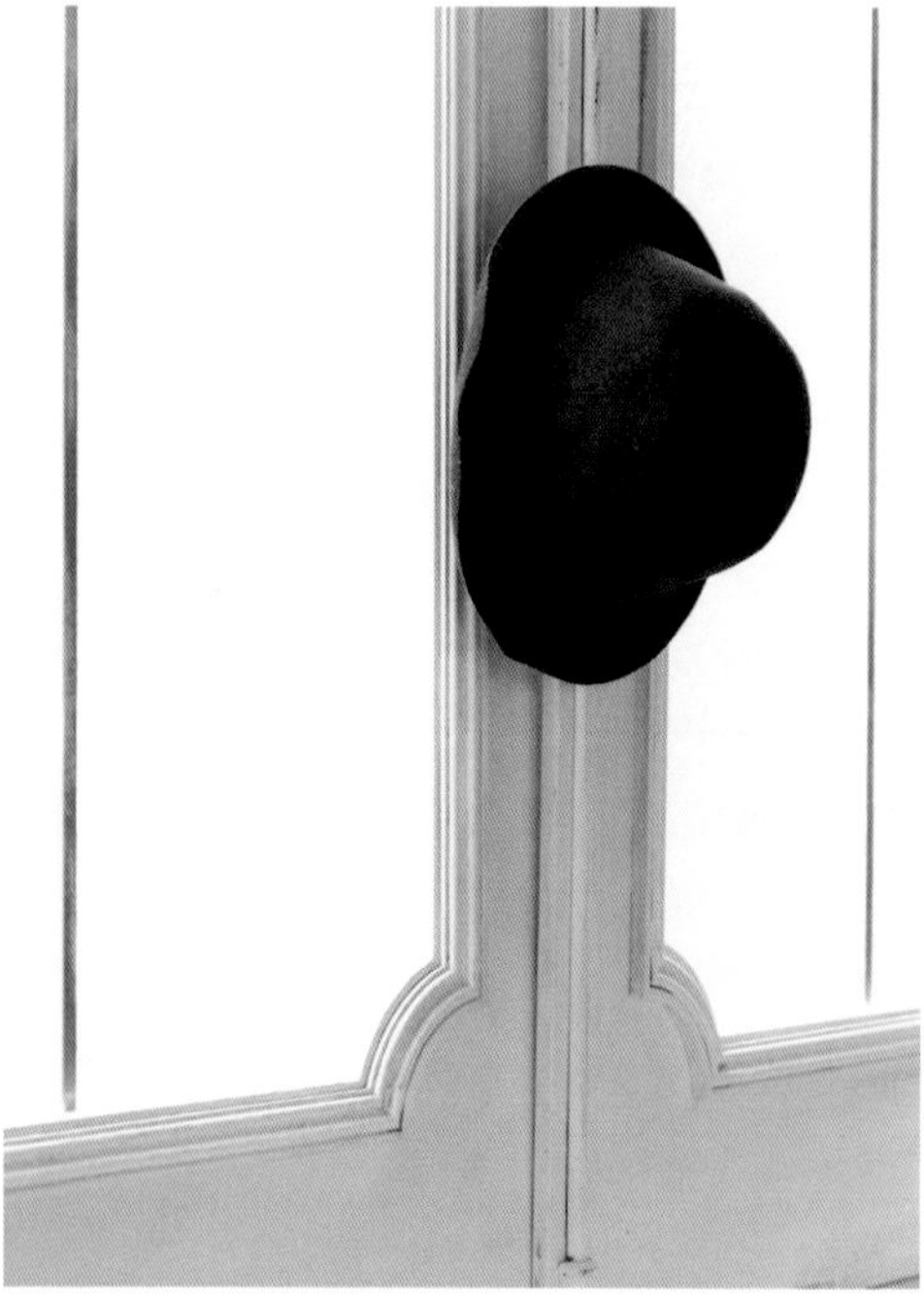

寒い日に頭にのせる フェルトのハット

コム・デ・ギャルソンのフェルト帽は寒い季節の相棒。P42のベレー帽はかわいい雰囲気にしたいときに、こちらの帽子はメンズライクに決めたいときに。

夏用の帽子は 折りたためるものを

つばの広い夏帽子はアーツ＆サイエンスで買ったもの。綿100％で吸湿性も高くエレガントさもある。折りたたむこともできるので旅行のときにも便利。

アクセサリー

重いネックレスやブレスレットは肩が凝るし
高級な宝石なんて、もともとあまり興味がない。
洋服のアクセントに少しだけ
気に入ったアクセサリーがあれば十分です。

小ぶりでも存在感のあるアクセサリー

左のシルバーのペンダントは、30代のときに買ったジョージ・ジェンセン。チャームを選べたので、カエルと象をチョイス。右のエスニック調のものは飾りを減らして自分好みに。

ベルト

ベルトはパンツスタイルを引き締めるポイント。
といっても、持っているベルトは3本だけ。
最近、黒いベルトが1本加わるまでは
黒と茶が各１本でしたが、なんとかなるものです。

ベルトはバックルの色と形で選ぶ

角がなくムダに光らないバックルが好き。左上はエルメス。右の茶色は30年以上前に購入。下の黒は最近購入したザ・ロウのもの。どれも一目ぼれ。値段を見ずに買ってしまった。

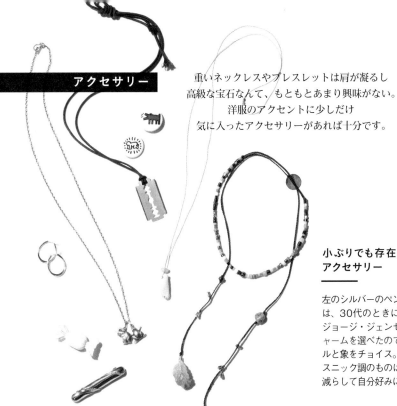

巻きものには助けられる

スカーフ

シルクのスカーフを首に巻くだけで
顔まわりがふわっと明るくなるから不思議です。
スカーフのひと巻きは、のどのケアにも最適！

エルメスは半世紀近くのおつきあい

左2枚はエルメス。半世紀近く使ってもヘタらず、色あせず、洗うたびにやわらかな手ざわりに。楽譜柄のスカーフは30年前にローマで買ったもの。トルコ行進曲の譜面になっている。

ベージュのワントーンの引き締めに

ベージュコーデはボンヤリした印象になりがちなので、靴、ベルト、バッグは茶色で引き締める。同系色のエルメスのスカーフを添えれば華やかで大人の雰囲気に。

ボーダーとドットを合わせる遊び心

ネイビーのワントーンコーデの中に、水玉模様のスカーフを合わせると、一気に元気度がアップ。スカーフは20年以上前に買ったケンゾーのもの。

ストール

大判のストールは便利です。冷え対策はもちろん
体型隠しにも欠かせない貴重なアイテム。
綿や麻の天然素材で
重くならない色合いを選びます。

**繊細なカシミヤは
夏も冬もOK**

ごくごく細い糸で編み上げたアーツ＆サイエンスのストール。広げると全身をすっぽり覆うサイズなのに、キュッと細く巻くこともできる。優しいブルーもきれい。

**素材感の違う
チェックの組み合わせ**

6種類の青系チェックの布を縫い合わせたダニエラ・グレジスのストール。巻き方で見える柄も素材感も変わるので、洋服の印象がえに大活躍する。

**はおるだけで
"大人かわいい"に**

ババグーリの綿コートに白のハイネックを合わせるのが春先のお気に入り。ここに個性的なストールをはおると、一気に「かわいい」がプラスされる。

バッグは軽いものがいい

「きちんと」ならセリーヌ

年齢も年齢なので「ハンドバッグは必要だよね」と思って購入したセリーヌのバッグ。必要なものがしっかりおさまり、ショルダーバッグとしても使えて便利。

軽くて頑丈なトートバッグ

銀座のバーニーズ・ニューヨークで見つけたマルニのバッグは現代絵画のようなポップな柄。楽譜がすっぽり入る大きさなのに軽くて、汚れにくく傷もつかない。

水草のカゴバッグで軽快に

フルナという水草でできたカゴバッグは、ババグーリのもの。持ち手が長めで握りやすく、何でもポンポン入れられるので、ご近所での買い物にぴったり。

軽くて最高！のポシェット

40年ほど前、友人を通じて作ってもらった色違いのポシェット。オーストリッチの革は手ざわりがよく、軽い。金具をつけ直すなど修理しながらずっと現役。

ハイブランドのバッグを好んでいた時期もありましたが
そういうバッグは総じて重いのです。
軽やかに持ち歩けて、着こなしのアクセントにもなる
そんなバッグだけが手元に残っています。

タイプ別に厳選１点

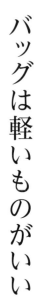

履ける靴を大事に長く

素足で履ける白いひも靴

アーツ&サイエンスで出合ったこの靴は、ひも靴ながら足の甲がチラリと見えるデザイン。素足で履くことも多く、白のパンツには欠かせない存在に。

「抜け感」にはバレエシューズ

足の甲が見えるシューズは黒コーデの「抜け感」づくりに欠かせないが、だいたいのバレエシューズは歩くと痛い。なんとか履ける貴重なこの靴は、シャネル。

痛くない靴 love

ひどい外反母趾なので合う靴がほとんどありません。
奇跡的に出合うことができた「歩きやすい靴」は
私の人生の欠かせないパートナー。
修理と手入れを続けながら一生ともに歩いていきます。

絶対に手放せない奇跡の靴

20年ほど前にコム・デ・ギャルソンで見つけた靴。驚くほど歩きやすく痛みがないので、もう1足買おうとしたけれど二度と出合えなかった。

茶系コーデの頼れる相棒

茶色のブーツはイギリス製。「歩きやすさを追求してつくられた」というだけあって、履いていても痛くない。頑丈な革で、履き続けるほど、いい味わいに。

40年履き続けているブーツ

黒のワイドパンツに合わせることが多いショートブーツは、40年前にタニノ・クリスチーで買ったもの。もう二度と買えないので、修理しながら履いている。

Memories Episode

No.4

退院後に食事を作りに行っていました

Mさん（20年来の友人）

一緒に食べれば気持ちも上向きになるかなと思って

安奈さんとは20代から知り合いでしたが、親しくなったのは4半世紀くらい前です。

命も危ぶまれた入院生活の終わり頃にお見舞いに行ったとき、「退院後のごはんが心配」と言うのです。長い入院生活で体力は落ちているし、かなりやせていましたから、本当に心配だったのでしょう。それならば、毎日は無理だけど、ときどきなら作りに行くよということで、食材を持って、彼女が当時住んでいた佃島まで通いました。その頃は薬の副作用によるうつもあって、なかなか気力が出ないようでした。持参したおやつを食べて、夕食を一緒に作って、食べて、次の約束をして帰ってきました。2週間に3回ぐらい、1年足らずのことです。

その後も何度も入退院を繰り返していた時期があり、「入院した」と連絡が来ると病院に行き、とりとめもない話をして笑って、を繰り返しました。

ここまで元気になって今は感無量

弱音を吐かない安奈さんが、あるときぽつりと「なんでこんなことになっちゃったんだろう」と言ったので、「なっちゃったものは仕方ないから、これからのことを考えようよ」と答えた覚えがあります。一日が終わるとカレンダーの日付を×で消していたので、「×はいいイメージじゃないから、○のほうがいいんじゃない？」と言ったこともあります。

壮絶な闘病の姿を見てきたので、今は、よくここまで元気になったと感無量です。東京の舞台はできるだけ行きます。一生懸命に歌っている姿を見守る感じ。同い年なんですが、親類のおばちゃんのような感覚になっています。年を重ねて歌の深みが一段と増したように思っています。

Chapter 5

ベーシックな服の着回しに、頭をひねるのが楽しい

着回し最強、基本の5アイテム

永遠のスタメン

手持ちの洋服が少ないので「着回し」は当たり前なのですが、とくに出番が多く、「これがなくなったら泣いてしまう」と思えるアイテムがこの5つ。常に最前列でスタンバイする頼れる味方です。

item 1

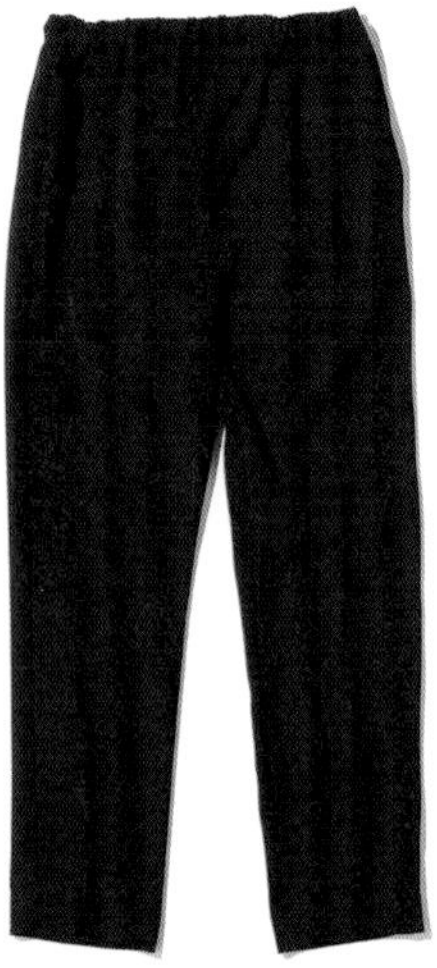

黒パンツ

ボトムスの基本は黒パンツ。なかでもP36で紹介したストレートの黒パンツはもっとも出番が多い。ウエストゴムでシワにならない最強アイテム。

item 2

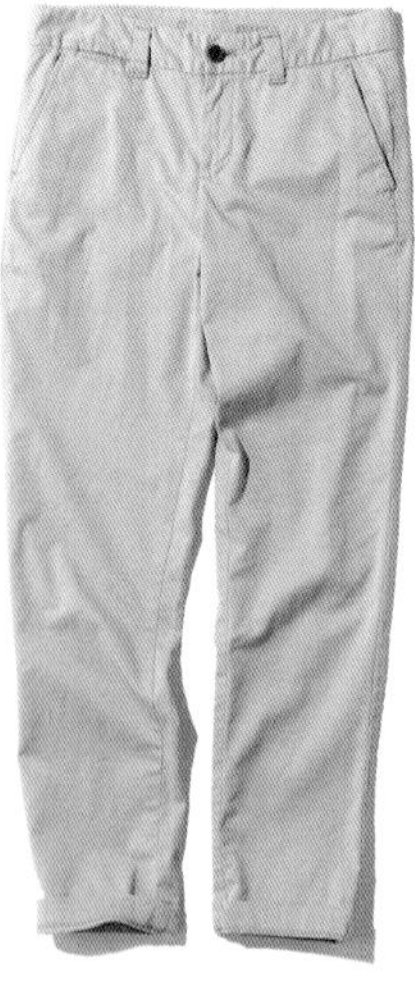

チノパン

チノパンとGパンは1本ずつ持っているだけ。このチノパンは30年ほど前にギャップで買ったもの。プチプライスだったのに、いまだに現役で大活躍中。

item
3

白カットソー

白のカットソーはインナーとして必須のアイテム。なかでもこれは、やせてきた首まわりを自然に包んでくれるデザイン。ヨーガンレールで購入。

item
4

ロング
カーディガン

腕が細すぎるうえ、紫外線に弱い私にとって、夏場でもはおりものは欠かせない。P37でも紹介したリネンの黒いカーディガンは着回し力抜群。

item
5

革ジャン

黒い革ジャンが大好きで2枚持っているけれど、圧倒的に登場回数が多いのがアニエス・ベーの革ジャン。30年前に買ったもので、革がやわらかくて軽い。

着回し実例 item 1

黒パンツ

黒T＋バレエシューズ

美術展のミュージアムショップで買ったTシャツ。黒T、黒パンツの組み合わせは「抜け感」が大事。バレエシューズで足の甲を見せてすっきりと。

個性的な柄シャツ

柄シャツなんてほとんど買わないのに、コム・デ・ギャルソンで出合ってしまったモノトーンの柄シャツ。トップスが個性的なときほど定番の黒パンツがマスト。

白T＋スカーフ

ワッフル地の白いTシャツに黒パンツ。好きな組み合わせだけれど、あまりにシンプル。ポイントづくりのために、襟元に楽譜柄のシルクスカーフをひと巻き。

シンプルな黒パンツは トップスを引き立てる額縁のよう

インパクトのあるインナー

色鮮やかな絵画のようなコム・デ・ギャルソンのTシャツには黒パンツと黒のカーディガンを合わせて。黒が額縁のようにインナーを引き立たせる。

着回し実例　item 2

チノパン

黒のボーダー

黒でカジュアル感を出すときにはボーダーTシャツが最適。ボーダーの幅が太すぎず、白の面積が勝ちすぎないことが「大人ボーダー」の条件。

黒シャツ＋黒靴

黒のシャツを合わせるときには、靴やベルトも黒で統一。カジュアルに偏りがちなチノパンも、黒の力で大人の落ち着きと品のよさを演出できる。

ベージュコーデ

アーツ＆サイエンスの綿コートと合わせたベージュコーデ。靴とベルトを茶で統一し、プリントTシャツの水色をさし入れて、さわやかにまとめて。

30年間履き続けている
5000円のチノパンが愛おしい

ベージュニット

白のカットソーにユニクロのベージュニットを合わせるのが、秋のワンマイルファッションの定番。近所を散歩するときこそ、上品で落ち着いた色みがいい。

着回し実例 item 3

白カットソー

ジャンパースカート

バルーン型になったジャンパースカートは、黒い靴、白いソックスと合わせてガーリーに。ヨーガンレールのペンダントは、トップに石垣島の貝がついている。

上質ジャケット

バレンシアガの黒ジャケットも、白カットソーに合わせると自然にカジュアルダウン。ペンダントの黒い革ひもで胸元にVゾーンをつくり、引き締める。

個性派パンツ

前半分がレースになったコム・デ・ギャルソンのパンツには、白カットソーを合わせると落ち着く。黒カーディガンをはおって、白と黒のバランスを調節して。

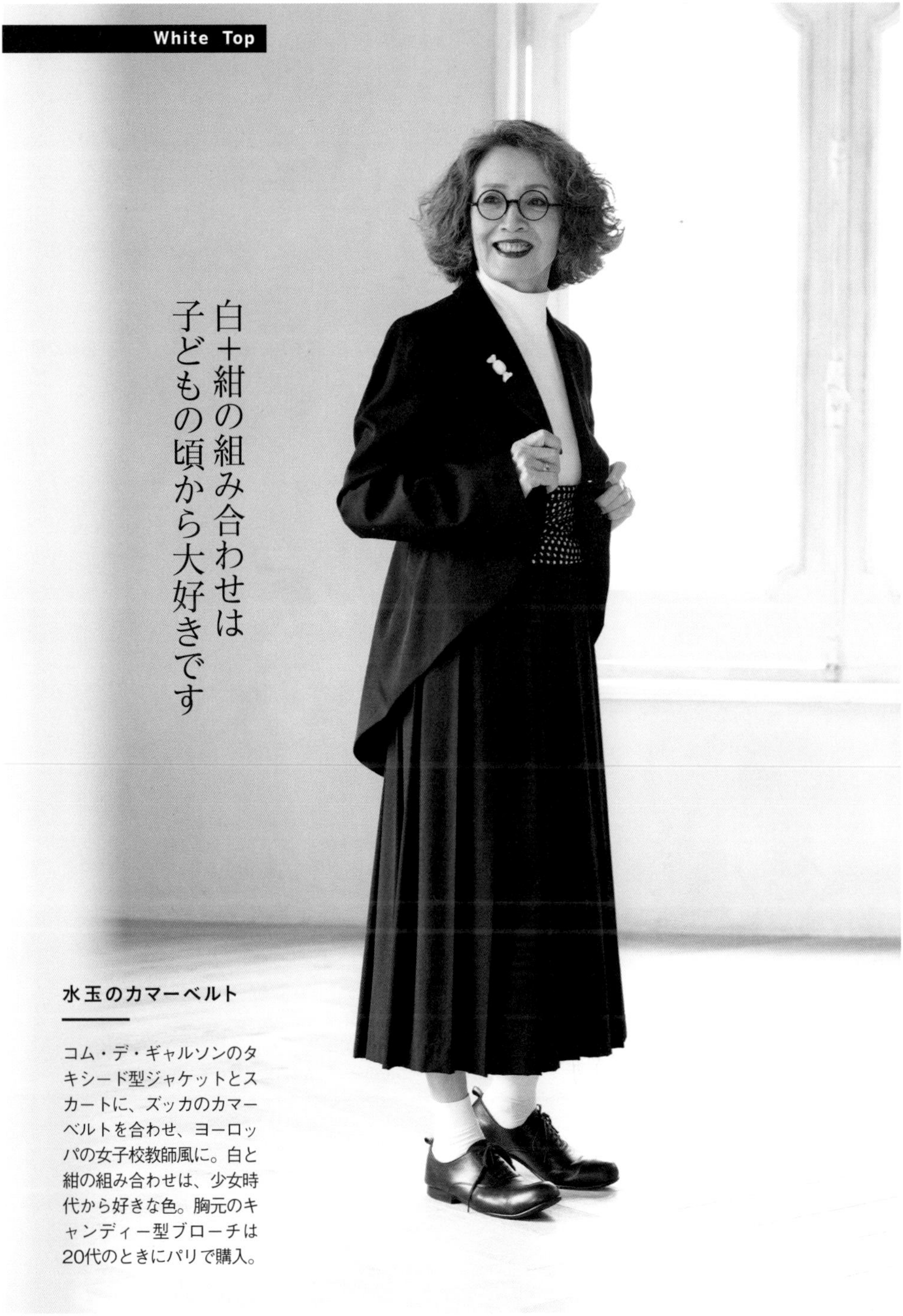

白＋紺の組み合わせは子どもの頃から大好きです

水玉のカマーベルト

コム・デ・ギャルソンのタキシード型ジャケットとスカートに、ズッカのカマーベルトを合わせ、ヨーロッパの女子校教師風に。白と紺の組み合わせは、少女時代から好きな色。胸元のキャンディー型ブローチは20代のときにパリで購入。

着回し実例

item 4

ロングカーディガン

白カットソー

長そで＆ハイネックの白カットソーに合わせれば、春先や秋口でも大丈夫。リネンの生地感は軽いので、黒パンツや黒の帽子に合わせても重くならない。

プリントＴシャツ

P74右側のコーデを、革ジャンからロングカーディガンにチェンジするだけで雰囲気が変わる。カーディガンには、キース・ヘリングの缶バッジを2つ並べて。

レタードＴシャツ

コム・デ・ギャルソンのレタード（文字）柄のTシャツに合わせて。黒の分量が多くなってしまったときには、めがねをグッチの赤にして鮮やかに。

軽いリネンのカーディガンは3シーズン着回せる

ポロシャツ＋セーター

白いポロシャツとセーターはコム・デ・ギャルソンのもの。これだけだと子どもっぽくなりがちだけれど、ロングカーディガンをはおることで落ち着きが加わる。

着回し実例

item
5

革ジャン

白スカート

白いスカートを合わせるなら、「ふんわり」ではなく「どっしり」がいい。アーツ&サイエンスのギャザースカートは強さがあって、革ジャンとも好バランス。

黒ボーダー

無印良品のボーダーTシャツに重ねて、黒の分量多めのモノトーンコーデに。ワイドパンツのやわらかい素材感が、さりげなくフェミニンさをプラス。

プリントTシャツ

黒の文字が入ったコム・デ・ギャルソンのTシャツに、センタープレスの黒パンツを合わせてシャープなスタイルに。ソックスの白が、さわやかさの決め手。

80代になっても革ジャンが似合う人でいたい

黒のワントーン

ボリューム感のある黒のスカートは大昔にワイズで買ったもの。黒のカットソーの胸元には、カミソリ型の18金のペンダント。雑誌で見つけてどうしても欲しくなり、買いに行った。

Memories Episode
No.5

クールに見えておもしろい、完璧なようで抜けている、そのギャップが魅力です

高汐 巴さん（宝塚歌劇団の7期後輩）

下級生に大人気。ファンクラブができるほど

オスカルを演じられる前から、花、月、雪、星、すべての組の下級生に人気の、憧れの先輩でした。妖精っぽいキャラで、クールで淡々としているけれどユーモアやウィットがあって、優しいんです。普通は自分の組のトップに憧れることが多いのですが、安奈さんの場合は組を問わず、でした。

あるとき、私の2期先輩が安奈さんのファンの会を企画したんです。宝塚にあるレストラン「チェック」が会場で、当日は20人くらいの下級生がおしゃれをしてワクワクしながら集まりました。ところが、待てど暮らせど主役が現れない。楽屋へお迎えに行くと「え、そんなん聞いてないよ。知らんよ」と。なんと冗談だと思っていたそうで、私たちは見事にすっぽかされたのです。その頃、やんちゃでおもしろい人たちが多く、爆笑エピソードは数えきれません。

先日の寺田瀧雄先生の没後20年メモリアルコンサートでも、出番を飛ばして次の衣装に着替えに行ってしまって……。実力のあるすごい方なのに隙がある、その抜け感がチャーミングです。

めざすべき上級生で、唯一無二の存在

私は退団後に舞台でご一緒してから、親しくさせていただいています。「ペイ（私の在団中からのニックネーム）に似合うと思う」と革ジャンやブラウスをいただいたことも。安奈さんは昔から洗練されていて、とびぬけてセンスがよかったですね。

病気をたくさんされ、大変なときは心配しましたが、乗り越えて元気になられてうれしいです。みんな喜んでいます。

歌声が素敵で、女性としても素晴らしく、めざすべき上級生。あんな方は芸能界広しといえどもほかにいない、唯一無二の存在です。

Chapter 6

好きなものに囲まれた 私らしい暮らし方

愛用のピアノで歌の練習

自宅に小さなレッスン室があります。相棒は、30代から使い続けているヤマハのアップライトピアノ。40年以上使い続けても音は明瞭で、少しの狂いもありません。定期的に調律師さんに来ていただくのですが、よく「いいピアノですね！」とほめられます。同じメーカーの同じ型番のものでも当たりはずれがあるらしく、このピアノは「大当たり」なのだとか。

50代で生死の境をさまよったあと、何もかもがわずらわしくなってしまい、車も洋服も絵も家具も日用雑貨も、必要最低限のもの以外手放してしまいました。入退院を繰り返し、がらんどうになった家に戻ってきたとき、私を待っていてくれたのはこのピアノだけ。やせた指を鍵盤に置いたとき、ピアノはいつもと同じように、迷いのない正確な音を出してくれました。このピアノがなければ、再び歌おうとは思えなかったかもしれません。今もできるだけ毎日ピアノに向かい、歌を歌います。心を無にして向き合わないと弾き語りはできませんから、このピアノは私のまっさらな心を知る貴重な存在なのです。

時間のあるときに水性クレヨンを使って絵を描く。絵の道に進みたいと思ったこともあったけど才能はなかったなぁ。

譜面を見て演奏することはありません。
頭の中に音楽が流れると自然に指が動き、和音を奏で
どんどんアレンジして自分の曲になっていく。
雑念があるとまったく弾けなくなるから不思議です。

ときどき「歌を教えてほしい」という生徒さんが来る。本気で上達する意志のある人だけを指導することにしている。

ひとつひとつに思い出が

　意外かもしれませんが、掃除魔です。とくに几帳面なわけではないけれど、ホコリと一緒に暮らすことも、いらないものが室内にあることもがまんできない性格なのです。だから毎日掃除機をかけて拭き掃除をします。掃除がしやすいように、極力ものを飾ったり置いたりしないように意識しているのです。

　それでも、リビングのキャビネットの上だけは別。ここは私の癒しの場ですから。ロイヤルコペンハーゲンの写真立てには、若い頃の父と母、そして私の写真を入れています。市松模様の着物を着た人形は、少女の頃の母が愛したもの。長かったおかっぱの髪の毛は、幼い母が「ショートカットにしてあげる」とハサミで切ってしまったのだとか。その隣には、亡き津川雅彦さんのお店で出合ったヨーロッパのお人形。お店のスタッフさんが、名残惜しそうにこの子とお別れしていたっけ……。ここにあるすべてに思い出があり、もう会えない人の記憶をよみがえらせてくれます。毎朝それを手にとってホコリを払い、小さな思い出に浸ることも、生き残っている人間の役割なのかもしれません。

青山の骨董屋さんで偶然出合ったジャン・コクトーの絵。詩人でも作家でもある、大好きなアーティスト。

40年くらい前に買ったアンティークのキャビネット。
時間とともに深みのある色になっていきます。
アンティークの陶器の花瓶には
ご近所のお花屋さんで買った季節の花を欠かさずに。

右ページ下・右から／きれいな色のクマのマスコットは作家もので、小さいけれど手足が動く。アンティークのガラス瓶は、ロンドンで買ったもの。一時期、古いガラス瓶を集めていた。はずしたアクセサリーはエルメスの角皿の上に。

夜にかたまった筋肉をほぐすためにラジオ体操を毎朝。録画したNHKの体操番組を見ながら第1と第2を続けて。

朝食はサラダ、果物、ヨーグルト、青汁、豆乳入りの紅茶が定番。前夜の夕食が軽ければ、ここにパンを添える。

毎日5000歩程度歩く。近所を歩きつつ買い物したり、カフェでお茶を飲んだり。歩くときには正しい姿勢を意識。

毎日のルーティンを決めて

いくつもの病気を抱えていますから、生活を律することを心がけています。とくに長生きしたいわけではないのですが、定期的にコンサートを開くことが私の仕事。お金を払って足を運んでくださる方がいるのですから、万全の体調で臨まなければプロとは言えません。私の仕事は、体だけが資本なのです。

起床時間と就寝時間は、毎日きちんと決めています。目覚まし時計などなくても、朝は自然に目が覚めます。宝塚時代、『ベルサイユのばら』の初日に大遅刻

私のある一日

- 7:00 起床後、ラジオ体操、朝食
- 午前中 家事
- 12:00 昼食
- 午後 歌とピアノの練習、散歩など
- 19:00 夕食後、読書やドラマ鑑賞
- 22:00 ベッドへ

した私と同じ人間とは思えません。開演20分前に目が覚めて、パジャマのまま楽屋に飛び込んだのですが、ギリギリで間に合いました。

　夜は海外ドラマを見ることが増えました。「若い」マネージャーさんが動画配信サービスを利用できるようにしてくれたので、大好きなアガサ・クリスティーなどを見て、1920年代の空気感を楽しんでいます。22時にはベッドに入りますが、一日があっという間で毎日びっくりします。私だけでしょうか？

右／夕食は自分で作ることも多い。野菜中心のメニューで、煮物が好き。ときには焼き肉や中華を外食でガッツリ。

上／眠る前は読書を楽しむ。よく読むのは群ようこさんなどのエッセイ。お隣のクマくんは、先日鼻がとれて接着剤で応急処置。お互い年だね。

私らしい旅でリフレッシュ

旅の荷物は必要最低限。ラクな服装が一番なので、コットンのワンピースが旅の友。紫外線よけの帽子も必須。

個人的な旅行なんて、これまでほとんどしたことがなかった人間です。仕事以外では新幹線にも飛行機にも乗らず、オフの日は家でひたすらゴロゴロ。「旅行しない?」と誘われても、「せっかくのお休みにどこかに行くなんて勘弁して」と思っていました。「リフレッシュ」という発想がなかったんです。

そんな私が、70代にして初めて旅行の楽しさを知りました。きっかけはマネージャーに「奄美大島に行きましょうよ」と誘われたこと。南の島なんてまったく

奄美大島には素敵なカフェも点在していて、散歩好きの私にはぴったり。ジェラートのお店でのんびり。

興味がなかったけれど、「パワースポットの島なんですよ」「エネルギーチャージできますよ」と言われ、なんとなく行くはめになったのですが……大正解でした。奄美大島の自然の豊かさには目を見張るばかり。海の青、雲の白、森の緑、それだけの世界。朝は大海原から太陽がのぼり、夜になると漆黒の空に信じられない数の星、星、星。東京では見ることのできない色と光の中で、仕事のことも、「やらなくちゃ！」とあせる気持ちも、すべてスコーンと消えていったのです。

非日常って、こういうことなのだ。リフレッシュってこういう意味なのか。70代になって初めて気づけた旅でした。こんな旅、またしたいなぁ。

3泊4日滞在したおしゃれな貸別荘で。パノラマで海が見える部屋で、ただひたすらリラックスして過ごした。

奄美大島は私の大好きな日本画家、田中一村の描く風景そのまま。奄美にある田中一村記念美術館も訪れた。

Memories Episode
No.6

今の「安奈 淳」を知ってほしい。こんなに素敵な大人はめったにいるものではありません

北出光子さん（Office Anna Jun マネージャー）

安奈淳がスケジュール管理も荷物運びもひとりでやってる!?

安奈さんに「若者」と言われているマネージャーが、私です。でも50代です。

安奈さんと初めて会ったのは15年前。小学生のときにNHKで放映された『ベルサイユのばら』を見てファンになった私は、「本物だ！」と感動しました。でも、親しくなったのは5年ほど前です。たまたま安奈さんとお話しする機会があり「マネージャーもつき人もつけず、スケジュール管理も衣装や荷物の運搬も全部自分でやっている」と聞いて驚き、お手伝いすることにしたのです。

昨年、個人事務所を設立。マネージャーの仕事とともに、SNSのお手伝いもしています。安奈さんはずっと「スマホはいらない。ガラケーで十分」と言っていたのですが、あきらめませんでした。スマホを買い、設定し、やり方を教え、広がる新しい世界を実感してもらいました。今は「楽しい」と言ってくれています。しめしめ（笑）。

安奈さんのような「大人」になりたいですね

安奈さんをひと言で表現するなら「かわいい人」。感動するとすぐ泣き、うれしいと子どものようにはしゃぎ、まっすぐで正直で飾りけがない。大スターだった人なのに、とても謙虚で優しい。芸術やエンターテインメントにとても詳しく、博識なところもかっこいいですね。豪華客船の船旅に参加しても、話題にこと欠かないタイプの人です。

「こんな素敵な大人になりたいなぁ」と、17歳年下の私は思うのです。実際、本当に素敵な大人って、案外少ないものですよね。

私の仕事は、今の「安奈淳」を多くの人に知ってもらうこと。そしてこの稀有な才能が雑事にわずらわされないよう、手伝っていけたらと思っています。

Chapter 7

大事なものを抱きしめて
これからも
生きていく

思いがけない人生の展開を楽しむ

70代になって、新しい人生が始まったと感じています。コンサートを開き、事務所を立ち上げ、ＳＮＳを始め、このような本も出版しました。思いがけないことが起こるから、生きるっておもしろいんです。

53歳で全身性エリテマトーデスという病気に倒れてからは、ただ生きのびるだけの時間が10年以上続きました。今もふとした瞬間にフラッシュバックするのです。管につながれた自分、検査だらけで「死んだほうがラクになる」と心を閉ざしていた自分の姿が……。そのたびに、胸の奥を冷たいものがスーッと落ちていくような恐怖に襲われます。

苦しくて苦しくて、自分の人生を一刻も早く終わらせたいと思っていた私ですが、生きのびていれば新しい扉が開くときが来るものです。自分ひとりでは難しくても、誰かが手助けしてくれて、思いがけない世界とつながれることがあるのです。

病気から立ち直って以来、ひとりで細々と歌い続けていたのですが、1年前に個人事務所を立ち上げました。

と、言うと「意欲的ですね」と言われますが、違うんです。

私自身に残された人生の時間は、そんなに長くないと自覚しています。それでも、神様から与えられた時間です。その時間で何をしたいかと考えたとき、結論はひとつでした。歌うこと。歌い続けること。それだけです。

SNSで知った、私が歌う意味

でもそれが難しいのです。私が家でピアノを弾いて歌っても仕事にはなりませんし、それを世の中に発信する方法も知りません。私は不器用で、ひとつのことしかできない人間です。「歌う」と決めたら、歌のレッスンばかりになり、ほかのことができなくなります。スケジュール管理やギャランティについてはまるで素人です。

残された時間に、すべきことを丁寧にやっていくためには、助けてくれる人、支えてくれる人が必要だと知りました。

事務所を立ち上げてから、変わったことがたくさんあります。最大の変化は、「若者」のマネージャーにすすめられてスマホを使うようになったこと。「ガラケーで十分！」と言っていた私ですが、「若者」に一から教えてもらって多少使えるようになったら、本当に便利です。ＬＩＮＥを使うと連絡や報告が驚くほどラクになります。インスタグラムでは、ささやかな日常を発信できるようになりました。

あるときこんなメッセージが届きました。「親の介護で苦しい日々を過ごしています。先日、偶然安奈さんの歌を聞いて涙が止まりませんでした。明日への希望が持てるようになりました。ありがとうございます」と。また、私と同じ病気を持つ若い人からも、こんなメッセージをいただきました。「長生きなんて夢のまた夢だと思っていましたが、70代で、しかも歌を歌っている安奈さん。本当に素敵です。私も70代まで生きたい。がんばろうと思いました」

うれしかった。涙が出ました。心の奥底から「歌っていてよかった」と思えました。さまざまな思いを抱えて聞いてくださっている方がいるのであれば、ただの1曲も、ただのワンフレーズも、あだやおろそかに歌ってはいけないと思いました。歌うことの重みや覚悟が、以前とは変わってきた気がします。

安奈淳の古くからのファンの方も戻ってきてくださいました。病気の間、世の中から姿を消していたのに、コンサートを開くと「待っていました！」「青春時代がよみがえります」と声が届くのです。わぁ、待っていてくれる人がいたんだ、みんな同じように年を重ねてきたんだ、と心が躍ります。

ネット上で心ない言葉を目にすることもありますが、すべてのものには光もあれば影もある。私はできるだけ光の部分を見ながら、若い人たちに教えてもらいつつ、えっちらおっちら進んでいきたいと思います。

シンプルさこそ、今後の人生の道しるべ

そして今つくづく思うことは、シンプルが一番だということです。病気を機にさまざまなものを処分してしまったことは前にも書きましたが、それはある意味正解だったのだと思っています。本当に大事なものだけが手元に残ったからです。今後もできるだけものを増やさず、自分にとっての必要最低限で生きていきたいと思っています。それは仕事でも、人間関係でも同じです。今の私に多くのものは必要ないのです。

それでも誤解のないように言わせていただくと、「少なければいい」というわ

人生を振り返ると私は幸せでした。それは
人を恨んだことも、人の不幸を願ったこともないからです。
それがいかに幸福なことか
この年でようやく気づけたことも、幸せなことです。

けではないということです。年齢を重ねると、洋服も、家具も、人間関係も「ずっと一緒だったから、これでいいや」になりがちです。でも本当にそれは、自分を心地よくしているものでしょうか。

私には人間観察という趣味があります。電車の中などで、さりげなくいろんな人を見ているのです。そうすると、着ているものや持っているもので、その人の人生が透けて見えてきます。幸せか、そうでないかもわかります。たかが洋服、たかが靴、たかが髪型。それでもそれは、年齢を重ねれば重ねるほどに「その人」になっていくということも忘れないでいたいのです。

昔、父がよくこう言いました。「友だちはたったひとりでいいんだよ」と。

今、私は心からうなずきます。父の言う通りです。そしてそれは、着るもの、持つもの、趣味、仕事、すべてにいえるのです。親友のように信頼できるものだけを周りに置き、その中で安心して暮らすこと。そのシンプルさ、潔さこそが、70代を生きる私の歩く道を照らしてくれるのです。

一冊の本をまとめながら気づいたことは、
自分がいかに多くの人に
支えられて生きてきたかということ。
よく妹に言われるんです。
「美樹ちゃんは体が弱くて大変だったけれど、
本当に人には恵まれているね」って。自分でもそう思います。
年齢をさらに重ねると、支えてもらう場面も増えるでしょう。
だからこそ、「すみませんが、お願いします」
そして「どうもありがとう」を忘れない人でいたいのです。
そしてあとは、楽しく生きたい。笑顔で生きていきたい。
絶対に迷惑をかけない、と肩ひじをはるよりも
そのほうが周囲の人もラクなのではないでしょうか。

読者のみなさまにもお礼を申し上げます。
最後まで読んでくださってありがとうございました。

私より若い世代の方には
「どうぞ人生を楽しんでください」
と伝えたいと思います。
私が病気で失った50代、60代を堪能してください。
女性の人生の中でも輝かしい時代だと、
私はうらやましく思います。
同世代や年上のみなさんには
「今を楽しみましょう」と伝えたいですね。
過去のことも、先のことも、考えたって仕方ありません。
今日と明日のことだけ考えて、生きていきましょう。

またみなさんに会えることを楽しみに、
私も「今」を生きていきます。

2021年8月 安奈淳

安奈 淳 あんな・じゅん

1947年7月29日生まれ。大阪府出身。本名は富岡美樹。愛称はオトミ、ミキちゃん。趣味は読書、映画鑑賞。特技は絵画、ピアノ。1965年、宝塚歌劇団に入団。51期生。1970年、星組男役トップスターに就任。その後花組に組替え。1975年、「ベルサイユのばら」で演じたオスカルは大きな当たり役となり第1期ベルばらブームを築く。1978年、「風と共に去りぬ」のスカーレット役を最後に退団。退団後は「南太平洋」「屋根の上のバイオリン弾き」「レ・ミゼラブル」などの舞台やテレビドラマに出演。2012年、第33回松尾芸能賞・優秀賞を受賞。2014年、宝塚歌劇団創立100周年に創設された「宝塚歌劇の殿堂」に、最初の100人の1人として殿堂入り。現在は歌手としてコンサートやショーなどを中心に活躍中。

公式サイト www.anna-jun.com　Instagram @annajun0729、@officeannajun

Staff

ブックデザイン … 若井裕美
編集協力 ……… 神 素子
撮影 ……… 佐山裕子（主婦の友社）
DTP 制作 ……… 伊大知桂子（主婦の友社）
編集 ……… 依田邦代

70過《す》ぎたら
生《い》き方《かた》もファッションも
シンプルなほど輝《かがや》けると知《し》った

2021年9月30日　第1刷発行

著者／安奈《あんな》 淳《じゅん》

発行者／平野健一
発行所／株式会社主婦の友社
〒141-0021 東京都品川区上大崎3-1-1
目黒セントラルスクエア
電話（編集）03-5280-7537
（販売）03-5280-7551
印刷所／大日本印刷株式会社

ISBN978-4-07-449088-2

■本書の内容に関するお問い合わせ、また、印刷・製本など製造上の不良がございましたら、主婦の友社（電話03-5280-7537）にご連絡ください。
■主婦の友社が発行する書籍・ムックのご注文は、お近くの書店か主婦の友社コールセンター（電話0120-916-892）まで。
※お問い合わせ受付時間　月～金（祝日を除く）9：30～17：30
主婦の友社ホームページ　https://shufunotomo.co.jp/